AF458753

RIS-PAQUOT

ÉTUDE

SUR LES

ÉMAUX ANCIENS

PARIS
R. SIMON, LIBRAIRE
9, Quai Voltaire, 9
1881

ÉTUDE

SUR LES

ÉMAUX ANCIENS

Tirage à :

200 exemplaires numérotés.

IMPRIMERIE PAUL BOUSREZ, TOURS.

RIS-PAQUOT

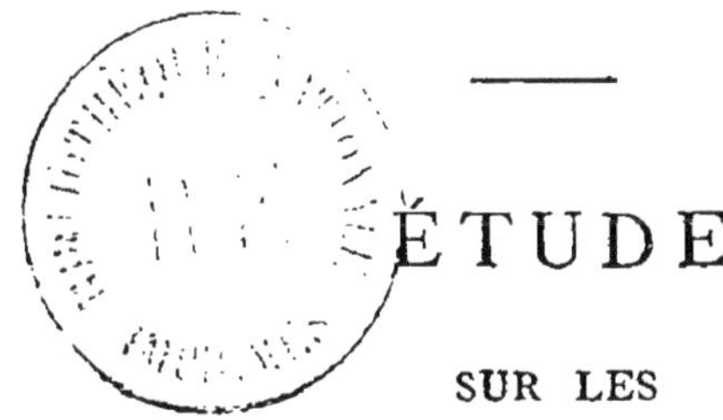

ÉTUDE

SUR LES

ÉMAUX ANCIENS

PARIS
R. SIMON, LIBRAIRE
9, quai Voltaire, 9
1881

ÉTUDE

SUR LES

ÉMAUX ANCIENS[1]

CHAPITRE Ier

De l'origine de l'émail.—L'émail est resté inconnu aux peuples de l'antiquité.

De tous les arts qui se rattachent au dessin, celui de l'émaillerie est asssurément un des plus

(1) Voir *Journal des arts*, 10 septembre 1880.

anciens et des plus importants.

Les mille reflets scintillants de ses séduisantes couleurs, le charme indéfinissable de la transludicité qui attire et captive, la richesse de la matière employée le plus souvent comme base du travail, le talent de l'ouvrier enfin, ont fait des émaux, dès leur origine, d'intéressants monuments artistiques qui ne tardèrent pas à devenir des objets précieux.

L'émaillerie, dans le sens le plus général du mot, semble avoir eu l'Inde pour berceau. De l'Inde, elle se répandit dans l'Asie mineure et de là en Égypte. Longtemps cette contrée passa pour avoir transmis, au contraire, aux peuples asiatiques les secrets de sa fabrication ; mais aucun spécimen incontestable n'est encore venu confirmer cette opinion, et enlever à l'Asie son droit de priorité.

Chez les Chinois son ancienneté se perd dans la nuit des temps.

Du reste, la date des premiers émaux est très-controversée, et il est probable que l'émaillerie, science et art à la fois, eut à subir, comme toute invention humaine à son principe, une longue période de tâtonnements.

On ne saurait, à proprement

parler, classer dans la catégorie des émaux, c'est-à-dire considérer comme des décorations obtenues directement sur le métal, au moyen de poudres cristallines, minérales et vitrifiables, à une température déterminée, ces innombrables poteries et pierres émaillées que les Égyptiens recouvraient d'un enduit tantôt bleu, tantôt vert, tantôt jaune, blanc ou violet ; non plus que ces briques monochromes des Babyloniens, que nous rencontrons constamment dans les musées et collections particulières. Il en est de même de ces dieux, de ces statuettes, de ces momies, de ces animaux symboliques ou sacrés, de ces cachets et quantité d'autres objets recouverts aussi d'une couche unicolore, bleue, jaune ou verte, etc., qu'on y rencontre également. Ces différents enduits n'ont absolument rien de commun avec l'émail, tant par la base principale de leur composition que par la nature des matières sur lesquelles on les applique, ainsi que par leur mode de cuisson. Cependant, par leur caractère particulier, on est fondé à les regarder comme les tentatives premières qui, par la suite, conduiront l'esprit des chercheurs à la découverte de l'émail, cet art encore à naître.

C'est précisément cette apparente similitude avec l'émail, cette vitrification superficielle qui leur donne avec lui une si frappante analogie qui en a fait attribuer l'invention aux Égyptiens. Ce qui est vrai, c'est que de très-bonne heure ces derniers possédaient une sorte d'émail à froid, consistant dans l'enchâssement sùr leurs métaux (*à l'aide de cloisons préparées à l'avance*) de pierres ou mastics colorés, devenus tellement durs avec le temps, que plus d'un archéologue s'y est trompé.

Un spécimen de l'orfévrerie

PL. 1

égyptienne cité par M. de Laborde dans sa notice sur les émaux du Louvre ; un fragment de chapiteau dans la décoration duquel entrent des mastics bleus et rouges posés sur des palmettes de métal creusées et burinées, comme on le fit plus tard dans le procédé du champlevé ; un bol étrusque, (musée du Louvre , représenté pl. 1re) ; de nombreux bijoux que possède notre musée national, tels que : bracelets en or, enseignes militaires, égides, animaux sacrés, etc., travaillés dans le même sentiment, en d'autres termes, enrichis de pâtes de couleurs, introduites dans des cloisons, autorisent à conclure que, si les Égyptiens ne furent pas les premiers à employer l'émail tel que nous le connaissons aujourd'hui, par le genre de travail qu'ils exécutèrent ainsi, ils mirent les autres peuples sur la trace de sa découverte.

Les Grecs et les Étrusques, qui, par l'entremise des Phéniciens, tenaient des Égyptiens la plupart de leurs procédés, ne connurent pas plus que ces derniers l'art de l'émaillerie. Ils se bornèrent primitivement à l'application pure et simple des émaux monochromes sur la terre et sur la pierre. Plus tard, familiarisés avec l'art du verrier, dont ils avaient reçu les secrets de ces mêmes peuples profondément initiés à la connaissance des arts chimiques, ils remplacèrent les incrustations de mastics colorés par des plaques en verres de couleurs, enchâssées dans les cloisons de leurs bijoux, et présentant, par leur transparence, les mêmes caractères que les émaux translucides, mais différant essentiellement de l'émail en ce qu'ils n'étaient pas, comme lui, mis en fusion directement sur le métal.

Cette application du verre de couleur dans les bijoux devint pour les Grecs une source féconde. Ils l'appliquèrent à l'infini dans d'élégantes et ingénieuses compositions, tiraient un merveilleux parti de la combinaison de filigranes multicolores, surpassant en finesse et en éclat tout ce que l'imagination peut rêver de plus capricieux et de plus surprenant.

L'emploi des pâtes et des verres coloriés qui tenaient une large place dans l'ornementation de la bijouterie et de l'orfévrerie des Grecs et des Étrusques, était assurément un progrès sur ce qui avait été fait avant eux ; mais ce n'était pas là l'émail proprement dit ; et, s'ils en eussent connu les procédés, bien plus expéditifs que ceux dont ils se servaient, ils en auraient fait usage. Tout porte donc à croire que l'émail fut ignoré des Grecs, ainsi que des autres peuples de l'antiquité, bien qu'ils possédassent, les uns et les autres, les premières notions qui devaient conduire, un jour, à sa fabrication.

Les Romains pas plus que les Grecs, les Egyptiens, les Babyloniens et les Etrusques n'ont connu l'émail. L'art et l'industrie, d'ailleurs, n'étaient pas le fait de cette nation belliqueuse, exclusivement préoccupée de sa prépondérance militaire et politique. Plutôt que de chercher à créer un art et une industrie qui lui fussent propres, elle s'assimilait, en les imitant servilement, l'industrie et l'art des peuplades qu'elle avait vaincues, et s'en tenait là ou à peu près. C'était pour elle comme un des droits de la conquête.

Nul indice de l'existence de l'émail ne peut être signalé à Rome, pendant une longue suite de siècles. Seul, le verre de couleur entre dans l'ornementation des bijoux romains, et rehausse aussi l'éclat de l'orfévrerie.

M. de Laborde, déjà cité, dont les travaux en cette matière ont acquis tant d'autorité, nous donne, dans sa remarquable notice sur les émaux et bijoux du Louvre, la preuve de l'absence de l'émail chez les Romains.

« Un rhéteur, dit-il, qui appliquait volontiers sa faconde à la description des productions de l'art, Philostrate, quitta Athènes après avoir professé dans cette ville, et vint, vers le commencement du troisième siècle de notre ère, chercher fortune à Rome, où la faveur de Julie, femme de Septime Sévère, l'attira dans le palais impérial, au milieu des splendeurs de la royauté et de son luxe. C'est avec ce goût des choses de l'art, avec cette expérience de la vie, avec cette connaissance de tous les raffinements du luxe grec et romain, que Philostrate écrit cette phrase : « On rapporte « que les barbares voisins de l'O- « céan étendent ces couleurs sur de « l'airain ardent; elles y adhèrent, « deviennent aussi dures que la « pierre, et le dessin qu'elles figu- « rent se conserve. » Cette phrase, ajoute l'éminent écrivain, après les considérations qui précèdent, après ce que je viens de dire de l'existence même de Philostrate, semble une preuve sans réplique; on aura beau la presser, la torturer, on n'en fera pas sortir autre chose que cet aveu assez pénible pour un Grec, et même pour un Romain, que les *barbares* voisins de l'Océan, probablement les Gaulois, avaient le secret de l'émail, inconnu aux nations dites civilisées. »

CHAPITRE II

De l'émail chez les Gaulois, à Byzance, en Allemagne et en Italie.

Puisque l'émail n'existait pas chez les peuples de l'antiquité, il faut donc le chercher ailleurs, chez les Celtes et les Gaulois, qui viennent de nous être indiqués par un témoignage contemporain de leur industrie.

Et d'abord, qu'est-ce que l'émail ? d'où vient ce mot? que veut-il dire? L'émail n'est autre chose qu'une matière vitreuse, incolore, empruntant ses principes colorants à des oxydes métalliques s'appliquant en poudre impalpable sur le métal, l'or, l'argent, le bronze, le fer, etc., et se fondant à un degré de chaleur qui lui est propre, pour faire entièrement corps avec le métal sur lequel il est appliqué, l'enrichissant de couleurs transparentes, indestructibles soit à l'air, soit au feu. Il possède, en outre, deux caractères particuliers, distinctifs et diamétralement opposés : la transparence et l'opacité. Cette dernière propriété s'obtient par une addition d'oxyde d'étain à la matière vitreuse. Elle a pour objet de dissimuler la couleur du métal.

Relativement à l'étymologie du mot émail, nous ne chercherons pas à l'expliquer ; il nous suffira de dire que les uns la font provenir du mot grec *smaydos* employé dans le bas-empire et dans les actes du XIVe et du XVe siècle, pour désigner des vases ornés d'émail ; d'autres du mot allemand *schmelz*, ou de l'italien *smalto* ; ou encore du latin *esmallum*, d'où nous aurions formé le mot *esmail*. Certains érudits voient dans le terme grec ELECTRUM (ἤλεκτρον) (1) un synonyme du mot émail ; mais ils sont contredits par des non moins savants qui traduisent ce mot par celui d'ambre. Pour nous, nous laissons à d'autres le soin d'éclaircir cette obscure question, et nous prenons le mot émail pour ce qu'il signifie, sans chercher à approfondir davantage le mystère de son origine.

Ces barbares voisins de l'Océan, dont parlait le rhéteur Philostrate, c'étaient surtout les habitants de

(1) *L'electrum des anciens était-il de l'émail ?* Mémoire par M. de Lasteyrie.

l'ancienne Armorique, de l'embouchure de la Seine à celle de la Loire, et même au delà. En effet, dans un mémoire sur les Lémovices de l'Armorique, mémoire couronné par l'Académie des inscriptions et belles-lettres, M. Deloche démontre très-savamment qu'une branche de l'Armorique se prolongeait jusqu'aux marches du Limousin.

En Normandie et en Bretagne, sur la côte de l'Angleterre, dans les provinces belgiques et lyonnaises, comme dans le Limousin, on rencontre nombre de monuments de l'ancienne émaillerie, monuments qui font entièrement défaut, de l'autre côté du Rhin. Voilà donc largement circonscrite la région dans laquelle est né le véritable émail.

Les trouvailles faites dans le Limousin, et parmi elles le vase découvert à la Guierce, dont l'érudit historiographe des émailleurs limousins, M. Maurice Ardant, dans son ouvrage intitulé : *Émailleurs et émaillerie de Limoges,* a donné une description détaillée, établissent suffisamment que, dès le troisième siècle de notre ère au moins, on confectionnait des émaux dans cette partie occidentale de la Gaule, et que le procédé qu'on y employait n'était autre que celui de *la taille d'épargne.*

Aux Gaulois, donc il faut restituer tous ces bijoux émaillés que les fouilles mettent constamment à jour et dont la présence dans nos musées sert à établir d'une manière irrécusable la véritable origine de l'émaillerie.

Pour les siècles qui suivent, les documents certains se font rares. La fabrication de l'émail dans la société gallo-romaine ne cesse pas complétement, mais son activité semble se ralentir ; il y a comme une éclipse partielle. Quand nous la retrouverons incontestée et féconde, le temps aura marché, bien des événements se seront accomplis, et par l'effet des révolutions successives qui l'auront fait passer des mains des Mérovingiens dans celles des descendants de Charlemagne et des premiers Capets, la société gallo-romaine sera devenue la France du moyen âge.

Tandis que l'art de l'émail disparaissait ainsi peu à peu de l'occident de l'Europe, il était au contraire en grand honneur et en pleine activité chez les peuples orientaux.

Les Byzantins, qui connaissaient ce merveilleux secret, inondaient l'Europe de leurs produits.

Au IXe siècle, Constantinople avait atteint la limite de la perfection; et dans le courant du Xe siècle, l'art byzantin, c'est-à-dire la fabrication des émaux cloisonnés, alors dans tout son éclat, fut importé en Allemagne, sous le règne d'Othon II, par suite de son mariage avec une princesse grecque du nom de Théophanie, fille de Romain le jeune (978).

L'Italie, cette terre féconde des beaux-arts, ne pouvait rester en retard du mouvement intellectuel qui venait de s'opérer en Allemagne.

Dès le XIe siècle, le célèbre

Didier, alors abbé du Mont-Cassin, devenu pape plus tard sous le nom de Victor III, comprenant toutes les ressources que l'on pouvait tirer de cet art, fit venir de Constantinople des ouvriers émailleurs qui, protégés par lui, fondèrent la célèbre école dite du Mont-Cassin, exclusivement consacrée à la fabrication des émaux cloisonnés.

Notre pl. II représente une custode en émail cloisonné, de style byzantin (actuellement au musée d'Amiens).

Au XIIe siècle, l'abbé Suger, ministre et conseiller des rois Louis VI et Louis VII, ap-

PL. 2

pelait en France des ouvriers orfèvres et émailleurs qu'il tirait de la Lotharingie (Lorraine), et les employait à l'exécution de remarquables pièces d'orfèvrerie émaillées, destinées à enrichir le trésor de l'abbaye de Saint-Denis. Nous voici donc revenus en France.

CHAPITRE III

De l'émaillerie limousine.

Pendant ce temps que faisait l'école de Limoges, ce berceau de l'émaillerie française ? Restait-elle étrangère au mouvement qui s'opérait ainsi ailleurs ? Non. Elle renaissait de ses cendres. Après plusieurs siècles de bouleversements et de transformations politiques et sociales, elle réapparaissait en possession plus que jamais de l'ancienne industrie qu'elle avait héritée des Celtes et des Gaulois, c'est-à-dire de son procédé d'émaillerie en taille d'épargne, procédé qu'elle avait constamment pratiqué, et auquel elle allait donner un plus grand essor, et une impulsion toute nouvelle.

La fabrication de l'émail, quoique ralentie de beaucoup, on doit le supposer du moins, n'avait jamais complétement cessé dans la vieille cité des Lémovices.

Si, du IIIe au IXe siècle, les monuments manquent pour venir corroborer les nombreux textes qui établissent l'ancienneté de l'émaillerie en France, et la persévérance de l'école limousine, il faut s'en prendre surtout à cette confusion générale, qui a longtemps fait ranger sous le même nom générique d'émaux byzantins, romans, lombards ou saxons, la plupart des œuvres exécutées en France qui, il est vrai, se sont plus ou moins ressenties de l'influence de ces diverses écoles, et s'en sont plus ou moins rapprochées, au moins par l'apparence extérieure, sans cependant avoir jamais adopté leur procédé caractéristique, *le cloisonnage.*

A l'avoir de l'ancienne école

de Limoges, on peut porter un petit reliquaire, dit mérovingien, mentionné et décrit par M. Ferdinand de Lasteyrie dans une brochure intitulée : *Des origines de l'émaillerie limousine*. Ce reliquaire fait partie du trésor de Saint-Maurice en Valois. La date de sa fabrication remonte incontestablement à l'époque de la domination bourguignonne ; il porte indépendamment du nom de son donataire, THEODORICUS, les noms des deux orfèvres qui concoururent à son exécution : UNDIHO et ELLO, noms véritablement gallo-romains.

Par son type tout spécial, ce

Pl. 4

travail est appelé à prendre place dans la série des productions classées entre le sixième et le neuvième siècle, en France; car il relève par son caractère du procédé tout particulier à la fabrication limousine, *la taille d'épargne*.

La pl. III reproduit un spécimen des émaux en taille d'épargne ou champlevé.

Citons encore la célèbre crosse trouvée dans le tombeau de l'évêque de Chartres, Ragenfroy (Ragenfredus), mort en 960, appartenant autrefois à M. Douce, et passée maintenant à l'étranger entre les mains de M. Meyrick.

Mentionnons aussi : l'anneau de l'évêque Gérard, mort en 1022 ; les émaux de la châsse de saint Étienne de Muret, fondateur de l'ordre de Grandmont, près de Limoges, en 1073, mort en 1124 ; leur fabrication remonte par conséquent au XIIe siècle ; rappelons également la crosse en émail cloisonné (actuellement au musée de Picardie), remontant au XIIe siècle, décrite si savamment dans le *Bulletin de la Société des antiquaires de Picardie* par notre compatriote M. le Dr Rigolot. Le calice du XIIIe siècle, au musée du Louvre, provenant de l'abbaye de Montmajor, près Arles, et portant cette inscription : *Magister G. Alpais me fecit Lemoviacrum*. Seuls les fonds de ce calice ont reçu une couche d'émail bleu.

Ces pièces sont décrites dans les remarquables travaux de M. F. de Lasteyrie et de M. de Laborde.

Nous n'en finirions pas si nous voulions énumérer, ici, les nombreux monuments de l'émaillerie limousine au XIIIe siècle ; nous préférons renvoyer le lecteur au Catalogue des émaux du Louvre, déjà cité, et à celui du musée de Cluny. Par la lecture de ces catalogues et l'examen attentif des pièces décrites, il sera facile de se convaincre de l'importance et de la prépondérance même de l'industrie de l'émail dans l'ancienne contrée du Limousin.

Dès le XIIe siècle et avant, la renommée des produits émaillés de ce pays était si grande déjà, qu'à cette époque, où les communications étaient excessivement restreintes, ces ouvrages se désignaient dans le monde entier sous le nom d'*Opus Lemovicense*. Ducange cite une charte de dotation faite en 1197 à l'église Sainte-Marguerite de Voglia, en

Apulie, dans laquelle il est fait mention de *duas tabulas æneas superauratas de labore Limogiæ.*

Jusqu'à l'époque où nous voici parvenus, le commencement du xve siècle, l'art de l'émaillerie avait été presque exclusivement consacré aux objets religieux : reliquaires, crosses, devants d'autels, porte-cierges, custodes, calices, colombes pour hosties, fermails de chapes, etc. etc.

A partir de ce moment, de religieuse qu'elle était, l'orfévrerie devient, en quelque sorte, profane. Elle s'applique aux objets qui ont une tout autre destination, et servent le plus souvent aux usages de la vie privée. Avec les siècles suivants, où le mouvement de la Renaissance fait de la société du moyen âge une société presque païenne, tout au moins dans ses goûts littéraires et artistiques, cette tendance s'accentue de plus en plus, jusqu'à ce que l'émail en arrive à ne plus être qu'un genre particulier de décoration ou de peinture entre les mains des artistes des XVIIe et XVIIIe siècles.

A tant de chefs-d'œuvre, ayant fait jadis la gloire de l'orfévrerie religieuse émaillée des premiers siècles, et ayant marqué de leur sceau indélébile les productions de la première Église, tout en personnifiant les grandes conceptions du moyen âge, devaient succéder d'autres créations, enfantées sous une ère nouvelle, séparant pour toujours les produits anciens des produits nouveaux.

C'est sous le nom d'émaux des peintres, que s'opéra, vers le xve siècle, la rénovation de l'émaillerie, rénovation qui renversa de fond en comble toutes les règles établies jusque-là, et bouleversa jusqu'en ses moindres détails l'art de l'orfévrerie.

A l'orfévrerie religieuse, travaillée en plein métal, burinée en pleine matière, succéda l'orfèvrerie repoussée, où la matière elle-même ne joue plus qu'un rôle secondaire.

Le mobilier, la parure, les armes, tout fut recouvert d'une décoration compliquée dans laquelle le savoir et la fantaisie de l'artiste se donnèrent libre carrière, et où le talent de celui-ci remplaça désormais l'expérience et l'habileté du chimiste.

L'imposante majesté décorative du grand art religieux fut remplacée, sur les objets profanes, par des figures grotesques, ou des scènes empruntées à la mythologie

ou à la Bible, par des paysages ou des fleurs, qui couvrirent alors toute l'orfévrerie de compositions imaginées par les graveurs.

Léonard Pénicaud, dont M. Maurice Ardant a écrit une biographie complète, *Notice sur les Pénicaud*, publiée à Limoges en 1858, Léonard Pénicaud, dit Nadon ou Nardon, diminutif de Bernard, en langage limousin, peintre verrier, est un des premiers dont le nom apparut, vers le XVIe siècle, sur des œuvres qui permettent de constater d'une manière certaine la transformation dont nous venons de parler (pl. IV).

Pénicaud s'illustra comme portraitiste et décorateur. Il eut pour continuateur Léonard Limousin. On sait les noms des autres émailleurs illustres de cette époque.

La décadence ne tarda pas à venir, et elle ne fit que précéder de quelques années la ruine complète d'un art qui s'était élevé aussi haut que possible. En effet, dès le XVIIe siècle, l'art fait place au vulgaire métier et, de sa splendeur passée, il ne lui reste bientôt plus que le souvenir glorieux.

Cent ans plus tard, au XVIIIe siècle, toute trace des traditions précédentes a complètement disparu, et l'émail tombe dans le domaine de la peinture sur porcelaine, genre Saxe ou Sèvres. La plaque de métal recouverte d'une couche d'émail unie et lisse, faisant alors office d'une toile à peindre, ou mieux encore d'une plaque de porcelaine, reçoit comme un véritable tableau, des couleurs plus tendres, d'une fusibilité plus grande que celles ayant servi pour la couche de fond, et qui permettent l'emploi d'une foule de teintes et de demi-teintes, lesquelles concourent puissamment à l'harmonie des couleurs entre elles (pl. V).

Dans ce genre, Petitot, qui l'avait inauguré un des premiers, au cours du XVIIe siècle, fut un des maîtres. On ne saurait trop voir et admirer, au musée du Louvre, la série de cinquante-six miniatures dont se compose son œuvre, où sont représentés les personnages les plus célèbres du règne de Louis XIV.

En vain l'émail essaya-t-il de lutter contre la porcelaine ; en vain chercha-t-il à s'assimiler ses formes et ses décors, il ne put réagir contre la mode envahissante et les exigences nouvelles d'une génération qui était fatiguée et blasée sur toutes les in-

PL. 4.

ventions du passé. L'apparition de la porcelaine avait été son arrêt de mort, et il disparut, à la fin du siècle, entraîné comme tant d'autres choses dans la tourmente universelle terminant cette époque.

Peut-être ne sera-t-il pas inutile de compléter cette étude historique en rappelant maintenant les procédés caractéristiques propres à chacun des genres d'émaux que nous avons nommés.

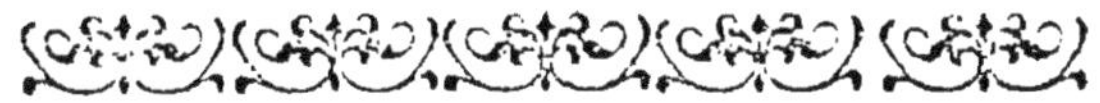

CHAPITRE IV

Des différents genres d'émaux et des procédés qui leur sont propres (1).

Selon qu'elle se développe et se pratique en Orient ou en Occident, la science des orfévres émailleurs a des procédés de fabrication différents. On dirait qu'elle

(1) Sous le titre de *Guide pratique du peintre émailleur amateur,* art ancien et art moderne, nous mettons sous presse, pour paraître prochainement, un ouvrage intéressant, orné de 38 sujets en couleurs, figure en

subit fatalement l'influence du caractère général des peuples, de leurs habitudes et de leurs mœurs.

En Orient, l'austère rigidité, l'imposante sévérité de l'architecture byzantine communique à l'émail la simplicité remarquable de son cloisonné. Le style égyptien lui fournit aussi la sobriété et l'harmonie de sa couleur (pl. II). L'émail s'immobilisant alors dans son procédé de fabrication se contente de n'être que l'auxiliaire du

noir, marques et monogrammes, concernant l'historique et les différentes phases de la fabrication ancienne et moderne.

grand art de l'orfévre byzantin sans jamais songer à empiéter sur son domaine.

En Occident, au contraire, il en est tout autrement. L'émail se ressent, dès son apparition, de cette liberté d'allures, de cette indépendance de pensée et de cette vivacité d'esprit qui est le propre de l'Européen, à qui l'immobilité fataliste de l'oriental est absolument antipathique. Tandis que ce dernier se contente du procédé acquis dès le premier jour, l'autre est constamment en quête de moyens nouveaux, abandonnant, dédaignant ceux qu'il connaît pour essayer ceux qu'il ignore, et que son imagination et sa conscience lui révèlent successivement. De là des progrès incessants, des modifications continuelles au milieu desquelles l'émaillerie oublie promptement qu'elle n'est qu'un art secondaire destiné à venir en aide, à s'adjoindre à l'orfèvrerie pour en rehausser l'éclat. Bien plus, elle n'hésite point, en certains cas, à prendre la place de la peinture et de la sculpture proprement dites.

De cette divergence , de ces efforts, de ces changements naquit une foule de procédés qui, tous, empruntèrent leur nom au mode spécial de la fabrication de l'émail.

Le premier et le plus ancien de ces procédés est celui des émaux incrustés, qui se subdivisent en deux classes : *les émaux cloisonnés* et les *émaux champlevés*.

Vinrent ensuite les émaux dits de *basse-taille* ou *émaux translucides*, les *émaux mixtes*, les *émaux limousins*, et enfin les *émaux peints* ou émaux des peintres.

La dénomination d'émaux incrustés donnée aux deux classes d'émaux que nous avons désignés ci-dessus, n'est qu'un terme générique ayant pour l'origine les espèces de cases ou de cellules formées sur le métal, et dans lesquelles on introduisait des poudres de couleurs, poudres vitrifiables à une chaleur donnée constituant après leur cuisson ou fusion l'émail proprement dit.

Le procédé par lequel on fabriquait ou plutôt on préparait ces cases ou cellules a fait établir entre les émaux incrustés la distinction d'émaux cloisonnés et d'émaux champlevés ou en taille d'épargne.

Bien qu'à première vue les uns et les autres paraissent identiquement les mêmes, ils diffèrent cependant essentiellement dans la mise en œuvre du travail préparatoire.

Dans les émaux cloisonnés le travail du cloisonnage consistait en filets de cuivre ou d'or très-minces rapportés en relief sur la matière plane et lisse, à laquelle ils devenaient ensuite adhérents (pl. IV); tandis que dans les émaux en taille d'épargne ou champlevés, les cloisons étaient exécutées directement sur le corps du métal lui-même, c'est-à-dire burinées et creusées dans la matière, dont elles faisaient ainsi partie intégrante, laissant certaines portions intactes (pl. I).

La ville de Constantinople semble avoir été le berceau de l'ancienne émaillerie cloisonnée. Sa fabrication, qui y remonte à une haute antiquité, fut primitivement exécutée par les Grecs de Byzance, ce qui valut plus tard à ces émaux la dénomination générique d'émaux byzantins. Cette épithète a caractérisé un style et une école.

On enleva donc le métal partout où il devait se trouver remplacé par l'émail, conservant dans la matière elle-même les traits du dessin qui, dans le cloisonnage, était formé par les séparations artificielles rapportées.

Dans ce genre de travail, l'échoppe et le burin jouèrent le plus grand rôle, et l'art du graveur fut mis en demeure de fournir de nouveaux motifs de décoration.

La substitution du cuivre à l'or et à l'argent doré comme support de l'émail diminua aussi sensiblement les frais occasionnés par l'emploi de ces précieux matériaux, frais qu'une plus grande surface de travail n'aurait pas peu contribué à accroître, et dont la malléabilité de la matière aurait rendu le travail encore plus difficile à exécuter.

Ne pouvant s'en tenir à ces deux procédés, l'art de l'émaillerie devait, en faisant quelques progrès, en venir à supprimer complétement son mode de cloisonnage pour le remplacer par une espèce de sculpture en relief qui prit le nom de *basse taille,* en raison même de la profondeur plus ou moins grande fournie par ses reliefs, et celui d'*émaux translucides,* en raison de la plus ou moins grande transparence des émaux, selon leur degré d'épaisseur.

Les émaux de basse taille ou émaux translucides furent pour l'Europe entière une nouvelle source de richesses. Ce procédé, renfermant en lui-même tout l'art de la gravure et de la sculpture amena une révolution générale dans la manière de faire. Aussi, devint-il promptement le point de mire des artistes et des hommes de goût. Il convenait aux premiers, parce qu'il leur permettait la libre expansion de leur pensée, secondée de toutes les ressources de leur talent ; aux seconds, parce qu'il leur fournissait le moyen d'enchâsser les pierres les plus précieuses, de joindre les plus fines ciselures aux émaux les plus brillants et les plus purs.

Les émaux cloisonnés tirent donc leur nom du mode de fabrication qui leur est tout particulier. C'était, comme nous venons de le dire, un assemblage de petites cloisons soudées sur une plaque de métal, soit d'or ou d'argent doré, les seules matières employées primitivement à la confection de ces émaux, et qui servirent de support aux cloisons.

Le cloisonnage présente à peu près l'aspect qu'offrent les séparations en bois dans les boîtes de couleurs à l'eau dont les écoliers se servent pour enluminer les images ou les cartes de géographie. Dans ces boîtes, les espaces réservés aux couleurs sont formés par de petites tringles de bois collées sur le fond et excédant environ de la hauteur de deux millimètres, formant entre elles autant de cases destinées à contenir et à séparer les couleurs. Dans les émaux cloisonnés, ces bois et le fond sont remplacés par le métal.

L'orfèvre, pour ce travail, commençait d'abord par nettoyer et polir la plaque destinée à servir de fond. Ensuite, il y traçait au burin à la pointe les contours du dessin qu'il se proposait d'émailler. Prenant une bande d'or en ruban, mince comme une feuille de papier, et haute d'un ou deux millimètres environ, il lui faisait suivre et prendre tous les contours, toutes les sinuosités du motif qu'il avait préalablement décrit sur la plaque de métal (pl. VI). Il assujettissait, de distance en distance, avec de la cire, cette silhouette métallique pour, le tout bien ajusté, la souder ensuite sur le fond.

Ce premier travail terminé, les cases ou cloisons recevaient les divers émaux réduits en poudre vitrifiable, préparés en espèce de pâte ou bouillie humide devant servir à l'enluminage du dessin. Il est bien entendu qu'il y avait autant de préparations différentes que l'on devait employer de couleurs.

Les traits ou plutôt l'esquisse du dessin se trouvait alors formée par la fine ligne d'or du champ du ruban métallique.

PL. 6.

Les cloisons étaient d'autant plus nombreuses que le dessin lui-même était plus ou moins compliqué. Il ne s'agissait plus alors que de livrer au feu la plaque cloisonnée remplie de ces émaux que la chaleur du four ne tardait pas à faire entrer en fusion et à liquéfier entièrement. Au sortir du four, la plaque recevait de nouvelles couches d'émail, qui rectifiaient les irrégularités, et une nouvelle cuisson remédiait à toute imperfection.

Si le cloisonnage convenait parfaitement aux objets de petites dimension, il ne pouvait s'appliquer également aux travaux d'une grande étendue. Aussi, les orfévres émailleurs durent-ils recourir à un autre procédé leur permettant de traduire et de développer leur pensée sur une plus vaste surface de métal.

Le champlevé, en d'autres termes la taille d'épargne, c'est-à-dire le burinage en creux dans la plaque de métal, que l'on choisissait alors plus épaissse, vint remédier à cet inconvénient, tout en élargissant en même temps le cadre de la composition et du dessin.

Pour obtenir ces émaux, l'artiste graveur commençait d'abord par ciseler son sujet en bas-relief sur or, sur argent ou sur cuivre ; puis,lorsqu'il avait obtenu ce sujet en relief, il recouvrait tout le travail de poudre ou bouillie d'émail qu'il nuançait selon la couleur des.chairs, des drapiers, etc.

La chaleur du four ne tardait pas à faire entrer en fusion ces émaux, qui, en se répandant sur toute la surface de la plaque, donnait, suivant la couleur et surtout d'après son épaisseur plus ou moins grande dans les fonds, toute la dégradation de ces mêmes teintes, variant agréablement de nuances en raison des reliefs, présentant en un mot l'ensemble d'un tableau.

L'emploi réitéré des procédés que nous venons de décrire donna naissance à un genre de fabrication d'émaux qu'on appela *émaux mixtes*. Ce fut en quelque sorte un mélange, un composé des divers procédés amalgamés ensemble, sans ordre, sans méthode, sans principes déterminés, où se retrouvaient le champlevé uni à la niellure aussi bien qu'à l'incrustation ou au cloisonné.

Avec les émaux mixtes s'éteignit l'art de l'ancienne émaillerie et les différents procédés qui lui avaient été particuliers.

Vers le xve siècle, quand apparut l'émaillerie de Limoges, la nouvelle école chercha, inventa des procédés encore inconnus et qui lui fussent propres.

Elle s'affranchit tout d'abord du concours de l'orfèvre, indispensable naguère pour l'exécution des anciens émaux.

Les émailleurs limousins ne s'en rapportèrent qu'à eux-mêmes ; le dessin et la peinture devinrent leurs seuls auxiliaires. Ils commencèrent par supprimer toutes les cloisons si artistiquement et si patiemment soudées autrefois à la plaque de métal et devenues désormais inutiles.

Sur une surface de cuivre bien plane, ovale ou carrée, peu importe, légèrement convexe du côté destiné à recevoir le travail, et concave de l'autre côté, on déposait une couche égale d'émail généralement foncé de couleur, soit noire, bleue ou brune, que l'on soumettait à l'ardeur du feu. Une fois la substance vitrifiable entrée en fusion, la plaque était retirée du four. Elle présentait alors une surface régulière d'un aspect brillant et glacé, faisant l'office d'une toile à peindre, sur laquelle il ne restait plus qu'à exécuter le sujet projeté.

Le côté concave était enduit également d'une couche d'émail blanc ou d'autre couleur servant à préserver le cuivre de toute oxydation et à empêcher chez lui une trop grande dilatation, qui aurait été nuisible à la solidité de l'émail lui-même.

C'est sur le fond uni et lisse de la plaque, sur le côté convexe, ressemblant à une véritable plaque de porcelaine, que le peintre émailleur exécutait lui-même son dessin, soit à l'aide d'un poncif, ou bien, suivant son habileté, en faisant directement sur la plaque de métal son esquisse préalable avec une couleur végétale quelconque, dont le trait disparaissait entièrement sous la couche émaillée, ne laissant aucune trace après la cuisson.

Le peintre émailleur exécutait d'abord son sujet en grisaille, le modelant avec la pointe, lui faisant subir les différents feux exigés par les retouches successives. Puis, il continuait son opération par la mise en couleur des chairs, des draperies, des ornements, des accessoires, du paysage, etc. (pl. IV).

Passant ensuite à la dernière partie du travail, l'émailleur disposait ses paillons partout où il voulait imiter les pierres précieuses; assortissant les couleurs suivant qu'il désirait obtenir les reflets brillants de la topaze, du rubis, du grenat, de l'améthyste ou de l'émeraude. Il les recouvrait ensuite de goutelettes de matière vitrifiable, dont la transparence jointe à la coloration et au paillon métallique du fond, procurait à ces émaux les mille éclats scintillants des pierres précieuses qu'ils étaient appelés à imiter.

De ci, de là, l'œuvre était encore agrémentée de perles ou d'arabesques en relief, obtenues avec un émail blanc opaque, achevant cette décoration artificielle, caractérisant si franchement toute la série des émaux limousins de l'époque de la Renaissance.

Le feu du four fixait à son tour cette œuvre et la rendait à tout jamais ineffaçable.

Émaux blancs sur fond noir, bleu ou brun, plaques polychromes, sujets en camaïeu, grisailles, décors en couleurs sur fond d'or, tout ces genres rentrent dans le domaine décoratif des émailleurs limousins.

Loin de se borner à la confection des plaques représentant des sujets religieux, l'école limousine se livra aussi à la fabrication des objets profanes : plats, aiguières, coupes, etc., en un mot à tous les accessoires destinés à l'ornementation et au luxe des dressoirs princiers sur lesquels l'émaillerie étala ses plus magnifiques productions.

Une fois appliquée aux objets usuels de la vie, d'un art l'émaillerie devint un métier, et elle alla toujours s'affaiblissant.

Au XVIIIe siècle, apparurent les émaux des peintres, dernière lueur de l'art agonisant. L'émail fit dès lors partie du domaine de la peinture, lui empruntant non-seulement sa manière d'être, mais encore ses moyens et ses procédés pour arriver au même but et produire les mêmes effets.

On peignit sur l'émail blanc, avec des couleurs minérales, absolument comme font de nos jours les peintres décorateurs sur porcelaine, employant une infinité de nuances pour faciliter la tâche de l'artiste dans l'exécution du modelé et des demi-teintes. La vitrification fixait ces couleurs d'une manière indélébile sur la plaque et leur communiquait en même temps un brillant et une glaçure ayant l'apparence d'un véritable vernis.

Ainsi acheva de mourir, vers la fin du XVIIIe siècle, le vieil art de l'émailleur, qui, en somme, avait fourni une longue et brillante carrière. Pendant de nombreuses années, on n'en entendit plus parler de cet art, ce n'est qu'en ces derniers temps qu'il est redevenu une des branches importantes et fécondes de l'industrie artistique contemporaine, ainsi que le prouve le riche ensemble d'émaux modernes qui ont figuré à l'Exposition universelle de 1878 et les nombreux et brillants spécimens que l'on rencontre aujourd'hui dans toutes les expositions.

TABLE

Chapitre I. — De l'origine de l'émail. — L'émail est resté inconnu aux peuples de l'antiquité. 5

Chapitre II. — De l'émail chez les Gaulois, à Bizance, en Allemagne et en Italie. 21

Chapitre III. — De l'émaillerie limousine. 33

Chapitre IV. — Des différents genres d'émaux et des procédés qui leur sont propres. . . . 51

IMPRIMERIE PAUL BOUSREZ, TOURS.

IMPRIMÉ

PAR PAUL BOUSREZ

rue de Lucé, 5,

TOURS.

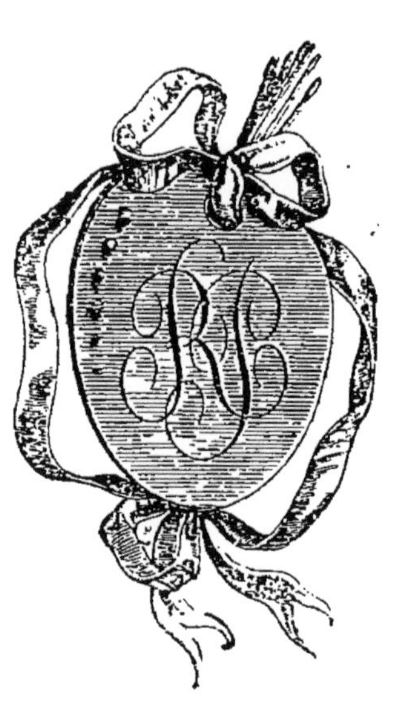

TOURS, IMPRIMERIE PAUL BOUSREZ

www.ingramcontent.com/pod-product-compliance
Ingram Content Group UK Ltd.
Pitfield, Milton Keynes, MK11 3LW, UK
UKHW020351230726
13925UKWH00003B/1074

9 782014 439854